Género Biografía

¿? Pregunta esencial

¿Qué puede hacer la gente para lograr cambios positivos?

Jane Addams
una mujer de acción

Jane Buxton

Capítulo 1

Los primeros años

¿Alguna vez te has preguntado qué quieres hacer con tu vida? Jane Addams pasó mucho tiempo tratando de descubrir qué hacer con la suya.

Jane nació en 1860. Fue la hija menor de una familia adinerada en el pequeño pueblo de Cedarville, Illinois. Su madre murió cuando solo tenía dos años y medio de edad, así que fue criada por su padre, sus hermanas mayores y, luego, su madrastra. Su padre, John Addams, era dueño de varios negocios y participaba en política. Fue senador del estado desde 1854 hasta 1870. El señor Addams también fue un **filántropo**, una persona que hace obras de caridad para los demás.

Incluso de niña, Jane quería mejorar el mundo.

Jane Addams Collection, Swarthmore College Peace Collection

Jane adoraba a su padre y lo **imitaba** de diversas maneras. Bajo su influencia creció **tolerante** y bondadosa, y heredó su amor por los libros y el aprendizaje.

Incluso desde niña, su bondad la llevó a ver la desigualdad entre las personas. No entendía por qué algunas vivían en casas grandes en un vecindario, mientras otras vivían en casas mucho más pequeñas en otro. Jane decidió que un día viviría en una casa grande rodeada de casas más pequeñas.

El padre de Jane, John Addams, fue un exitoso terrateniente, molinero y banquero.

Jane sabía que quería pasar su vida ayudando a los pobres, así que decidió que sería médica. El padre de Jane no apoyó su plan. Él quería que ella se casara y tuviera una familia porque eso era lo que se esperaba que hicieran las mujeres jóvenes de la época. Jane no estaba interesada en el matrimonio, pero tampoco quería desafiar a su padre.

Aunque no estudió medicina, Jane recibió una buena educación. Estudió en el Seminario Femenino de Rockford de 1877 a 1881. Sobresalió en lectura, escritura y oratoria, destrezas que le serían útiles más adelante. También fue presidenta de su clase durante cuatro años y editora de la revista escolar.

Addams (con la sombrilla) hizo buenas amigas en el Seminario Femenino de Rockford.

Cuando tenía 21 años, su padre murió. Quedó muy afectada. Se inscribió en la Escuela de Medicina para Mujeres, en Filadelfia, pero estaba tan deprimida por la muerte de su padre que no podía concentrarse en sus estudios. De niña tuvo tuberculosis, la cual la dejó con una desviación en la columna vertebral. Esto hacía que estudiar muchas horas fuera muy doloroso. Después se enfermó y tuvo que dejar la universidad y su sueño de convertirse en médica.

De 1883 a 1885, Addams viajó al extranjero. En Londres presenció una pobreza terrible. Deseaba encontrar una manera de ayudar, pero, ¿qué podía hacer? Sabía que quería hacer algún tipo de cambio positivo para aquellos que vivían en la pobreza, pero no sabía cómo.

En 1887, Addams regresó a Inglaterra. Esta vez, visitó un hogar comunitario llamado Toynbee Hall en una zona pobre de Londres. Toynbee Hall era un experimento de un grupo de jóvenes educados cuyo objetivo era mejorar la vida de las personas pobres. Allí ofrecían servicios sociales a los pobres de la comunidad. Los jóvenes voluntarios no solo vivían en el hogar sino que ofrecían clases de canto, lectura y dibujo.

Addams estaba emocionada porque ahora tenía un plan. Fundaría un hogar comunitario en su país.

Pobreza extrema

Addams visitó un mercado en Londres. Era fin de semana, y el mercado estaba cerrando. Estaban vendiendo, a módico precio, carretadas de sobrados de carne vieja, frutas y vegetales. La comida ya estaba podrida, pero personas desnutridas y pálidas, vestidas de harapos trataban de agarrarla con desespero. Jane nunca olvidó lo que vio. Luego escribió que veía "manos vacías, patéticas, débiles y agotadas... agarrando comida descompuesta".

Capítulo 2

Addams entra en acción

Addams regresó a Illinois, y junto a su amiga Ellen Starr buscaron una casa para alquilar. Encontraron una mansión vieja y deteriorada en medio de una zona pobre de Chicago, en la que muchos inmigrantes se habían asentado. La mansión era conocida como Hull House.

Hull House había estado rodeada por terrenos **extensos**, pero con el paso de los años la tierra fue vendida para dar espacio a casas más pequeñas. El deseo de infancia de Addams de vivir en una casa grande rodeada de casas más pequeñas empezaba a formarse. Las dos amigas hicieron el hogar basándose en el modelo de Toynbee Hall.

Estadounidenses adinerados y educados se escandalizaban al escuchar o leer acerca de la **brecha económica** entre ricos y pobres. Addams y Starr decidieron que Hull House tendría dos propósitos. Uno era ofrecerles a los ricos una manera de aprender sobre los pobres mientras trabajaban para mejorarles la vida.

Hull House perteneció originalmente a Charles Hull, un rico hombre de negocios. La mansión se construyó en 1856.

El otro propósito era ofrecer a los vecinos oportunidades usualmente reservadas para los adinerados, como la educación y las lecciones de música.

Addams y Starr querían que hombres y mujeres educados fueran a vivir a Hull House. Mientras vivieran allí llegarían a conocer a las personas que habitaban en las decadentes casas del vecindario. También organizarían conferencias, clubes y clases para sus vecinos menos afortunados.

Addams tenía suficiente dinero para reparar y amueblar Hull House, pero pidió dinero a otros ciudadanos adinerados para mantener la casa en funcionamiento.

Vida en la ciudad

En Chicago, la industria estaba en auge cuando Addams y Starr fundaron Hull House. Miles de inmigrantes europeos habían llegado a Estados Unidos con la esperanza de vivir mejor. Muchos inmigrantes habían ido a Chicago a buscar trabajo en las fábricas, pero allí tuvieron problemas para aprender inglés y ganar suficiente dinero para sobrevivir. A menudo, hombres, mujeres y niños trabajaban jornadas extensas en malas condiciones a cambio de poca remuneración, mientras que sus jefes, los empresarios, se hacían extremadamente ricos.

Bajo una gran expectativa, Addams y Starr inauguraron Hull House en 1889. Otras personas educadas dijeron estar dispuestas a ayudar, y se mudaron a Hull House. Addams dependía de la ayuda de voluntarios para el funcionamiento de Hull House y de los programas que ofrecían.

El hogar se convirtió en un lugar popular de reunión. Allí se daban clases sobre muchas materias, entre ellas inglés para inmigrantes. Tiempo después abrió un teatro, una biblioteca, una galería de arte, una cocina, un gimnasio y una escuela de música. También se ofrecían otros servicios que las personas de la comunidad no podían costear, como atención infantil, médica y jurídica.

Miles de personas visitaban Hull House, impresionadas por lo que veían allí.

Addams fundó clubes para niños.

George Rinhart/Corbis Historical/Getty Images

El valor de las tradiciones

Addams fundó un museo del trabajo en Hull House para mostrar que los inmigrantes mayores eran valorados. Usaban viejas ruecas y telares para demostrarles a los miembros más jóvenes de la comunidad el conocimiento que tenían de las artes y las manualidades tradicionales. Addams decía del museo que "más allá de su inmediato valor educativo, lo valoramos porque con frecuencia pone a los inmigrantes en posición de maestros... les permite un cambio placentero de la tutela bajo la que todos los estadounidenses, incluso sus propios hijos, están dispuestos a acogerlos".

Addams era reconocida por su amabilidad y su compasión, ya que era una franca **defensora** de los pobres. Daba charlas a muchos grupos y organizaciones diferentes, en las que pregonaba la ayuda a los pobres. Se hizo famosa en todo el país. Como resultado de su trabajo, se crearon muchos hogares comunitarios en otras ciudades. Hull House era un modelo de ayuda a los menos afortunados.

Sin embargo, Hull House necesitaba dinero para seguir funcionando. Addams empezó a escribir libros. Era muy buena escritora, y su autobiografía, *Veinte años en Hull House*, fue muy famosa. Addams ganó mucho dinero con sus libros, que destinó a su trabajo en Hull House.

Addams escribió 13 libros en total.

Capítulo 3

Transformación del mundo

En esa época, mujeres, hombres y niños de las zonas pobres de Chicago salían a trabajar. Hasta los niños trabajaban tiempo completo. La mayoría trabajaban jornadas extensas muy mal pagas, y lo hacían en condiciones terribles, casi como esclavos. Pero necesitaban el dinero, o morirían de hambre.

A Addams le dijeron que tres niños habían tenido un accidente de trabajo en una fábrica. Incluso uno de ellos murió. La máquina que habían usado era peligrosa, así que Addams habló con el dueño de la fábrica para pedirle que pusiera una estructura protectora sobre la máquina. Quedó horrorizada cuando el dueño le dijo que no haría nada para proteger a los niños.

Con frecuencia, los niños trabajaban jornadas extensas en las fábricas de textiles.

Detective del lenguaje

Busca dos conjugaciones del verbo irregular decir en esta página.

Los niños son baratos

La mayoría de los jefes de las fábricas no querían que se cambiaran las leyes del trabajo infantil. Argumentaban que trabajar enseña el valor del trabajo duro y que muchas viudas dependían del dinero que sus hijos trabajadores llevaban a sus hogares. También decían que sus negocios no sobrevivirían sino contrataban mano de obra infantil barata. A pesar de las protestas de los empresarios, el trabajo infantil se prohibió en 1938.

Addams vio que ella sola no podría ayudar a todas las personas pobres de Estados Unidos. Veía en la pobreza un problema recurrente, a menos de que se hicieran cambios en las leyes.

Intentó persuadir a los políticos de Springfield, la capital de Illinois, para que mejoraran las leyes sobre el trabajo infantil, las condiciones de las fábricas y el sistema de justicia para los jóvenes. También buscó reducir la jornada laboral de las mujeres a ocho horas diarias y que la escuela fuera gratuita y **obligatoria** para todos los niños.

Los cambios fueron lentos, pero Addams se hizo escuchar. Otros ciudadanos hicieron denuncias sobre el trabajo infantil. Las actitudes cambiaron y las leyes fueron reformadas gradualmente.

Detective del lenguaje En esta página hay tres conjugaciones del verbo hacer. Búscalas.

Addams sabía que era necesario cambiar la actitud de las personas para lograr cambios positivos en la sociedad. Además de sus esfuerzos por mejorar la vida y los derechos de los individuos, también ayudó a grupos tratados injustamente debido a su raza. Ayudó a fundar la Unión Estadounidense por las Libertades Civiles (ACLU) y la Asociación Nacional para el Progreso de las Personas de Color (NAACP). Ambas organizaciones existen en la actualidad y siguen luchando por los derechos de los individuos.

Una responsabilidad de cambio para mejorar

Addams creía que todos tenemos la responsabilidad de ayudar a los demás y de trabajar para lograr cambios positivos en la sociedad. Durante su vida se apasionó por el cambio. Fue defensora de las minorías étnicas; trabajó para mejorar los servicios de salud de los niños y los pobres; también promovió la paz. Ella escribió: "¿Qué, después de todo, ha mantenido a la raza humana en este viejo globo, a pesar de todas las calamidades de la naturaleza y de todos los trágicos defectos de la humanidad, si no es la fe en las nuevas posibilidades y el coraje para defenderlas?".

Addams también trató de cambiar la manera de pensar de las personas sobre la guerra. Opinaba que la guerra era algo equivocado. Intentó detener la Primera Guerra Mundial manifestándose en su contra. Viajó dando conferencias en contra de la guerra, y muchas personas apoyaron sus esfuerzos. También ayudó a fundar varias organizaciones para promover la paz, como el Partido de Mujeres por la Paz y el Congreso Internacional de Mujeres. Además, fue la primera presidenta de la Liga Internacional de Mujeres por la Paz y la Libertad.

Las delegadas del Partido de Mujeres por la Paz viajaron en este barco al Congreso Internacional de Mujeres de 1915 en La Haya.

No todos apoyaban los esfuerzos de Addams. Su pacifismo llegó a hacerla muy impopular. Recibió cartas desagradables y algunos periódicos dijeron cosas reprochables sobre ella, pero siempre mantuvo su compostura y su determinación. Nunca dejó de hacer lo que pensaba que era correcto. Tal vez no podía detener la Primera Guerra Mundial, pero sabía que tenía derecho a dar su opinión, y nunca perdió las esperanzas de cambiar la actitud de las personas hacia la guerra.

Jane Addams es una de las líderes femeninas más queridas y respetadas de Estados Unidos. Hasta su muerte en 1935, pasó su vida esforzándose en lograr cambios positivos para todas las personas, sin importar su edad, raza o sexo.

Fue valiente y determinada. Aunque tuvo períodos frecuentes de enfermedad, no permitió que se interpusieran entre ella y sus objetivos. Siempre buscó mejorar la situación de los desfavorecidos. En 1931, Addams recibió el premio Nobel de la Paz como reconocimiento a su vida de trabajo y a la importancia de su contribución al mundo.

Addams fue la primera mujer estadounidense que recibió el premio Nobel de la Paz.

Línea cronológica: Jane Addams

1860	nace en Cedarville, IL
1881	se gradúa del Seminario Femenino de Rockford
1887	visita Toynbee Hall
1889	funda Hull House
1909	ayuda a fundar la NAACP
1910	publica *Veinte años en Hull House*
1915	ayuda a fundar el Partido de Mujeres por la Paz y organiza el Congreso Internacional de Mujeres
1919	ayuda a fundar la Liga Internacional de Mujeres por la Paz y la Libertad
1920	ayuda a fundar la Unión Estadounidense por las Libertades Civiles
1931	recibe el premio Nobel de la Paz
1935	muere en Chicago, IL

Bettmann/Getty Images

Respuesta a la lectura

Resumir

Usa detalles importantes del texto para resumir lo que aprendiste sobre Jane Addams. Usa el organizador gráfico como ayuda.

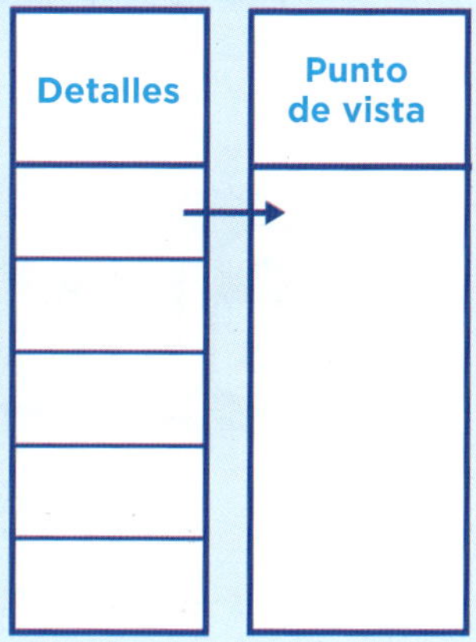

Evidencia en el texto

1. ¿Qué tipo de texto es *Jane Addams, una mujer de acción*? ¿Cómo lo sabes? **GÉNERO**

2. ¿Qué piensa la autora sobre Jane Addams? Da detalles que usa la autora para mostrar su punto de vista. **PUNTO DE VISTA DE LA AUTORA**

3. La palabra *desiguales* en la página 3 tiene el prefijo *des-*. El prefijo *des-* significa "negación". Utiliza el significado de *des-* y el contexto como ayuda para definir la palabra *desiguales*. Identifica el prefijo en la palabra *autobiografía* en la página 9. **PREFIJOS**

4. Describe el punto de vista de la autora sobre los esfuerzos que hizo Addams en contra del trabajo infantil y a favor de las mujeres, los pobres y las minorías étnicas. Busca detalles en el texto que sustenten tus respuestas. **ESCRIBIR SOBRE LA LECTURA**

Género | Texto expositivo

Compara los textos

Lee acerca de un individuo que trabajó por lograr cambios positivos para los mexicoamericanos.

Gus García se enfrentó a Texas

En 1950, en el condado de Jackson, en el este de Texas, un hombre llamado Pete Hernández fue arrestado. Su madre le pidió al abogado Gustavo C. García (conocido como Gus) que lo defendiera.

García era un mexicoamericano que deseaba acabar con la discriminación racial en Estados Unidos. Uno de sus objetivos era asegurarse de que todas las personas recibieran un juicio justo.

Aunque la ley decía que cualquier persona podía formar parte de un jurado, la realidad era que los mexicoamericanos, los afroamericanos y las mujeres nunca eran seleccionados para conformar jurados. Esto indicaba que el jurado de Hernández sería totalmente blanco. García pensaba que un jurado tan diferente del **acusado** no sería neutral cuando escuchara el caso.

Gus García fue un abogado de derechos civiles en el oeste de Texas.

García se entusiasmó con la oportunidad de defender a Hernández. Pensó que este caso ayudaría a cambiar el **sistema judicial**. Les pidió ayuda a otros abogados. Durante el juicio de Hernández en 1951, García presentó una objeción en la que planteó que el juicio era injusto porque no había mexicoamericanos en el jurado.

El juez argumentó que los hispanos podían estar en el jurado, y que era casualidad que no hubiera hispanos en este jurado. Sin embargo, García y su equipo de abogados habían investigado previendo que el juez diera esa respuesta. Demostraron ante la corte que nadie con apellido hispano había sido parte de un jurado en el condado de Jackson jamás.

El juez denegó la petición de los abogados y Hernández fue sentenciado a cadena perpetua. García apeló en otro tribunal. El segundo tribunal rechazó la apelación.

García tenía otra oportunidad de apelar. Podía pedirle a la Corte Suprema de Estados Unidos que escuchara su queja, lo cual era algo riesgoso y costoso. Si ganaban, se daría un cambio muy importante, pero si perdían, la idea de que los mexicoamericanos podían ser tratados como ciudadanos de segunda categoría podría fortalecerse.

Para entonces, todos los texanos sabían lo que estos valientes abogados buscaban. Los hispanos pobres recaudaron dinero para ayudar a pagar el costo del caso. El equipo de García entregó la apelación al tribunal más alto del país. La Corte Suprema accedió a escuchar la apelación y, en 1954, los abogados se presentaron frente a los magistrados. Este tribunal nunca había tomado una decisión sobre los derechos de los mexicoamericanos. García habló de manera tan convincente que los magistrados quedaron fascinados.

El edificio de la Corte Suprema está en Washington D.C.

Cuatro meses después, la Corte Suprema de Estados Unidos anunció su decisión. Hernández sería juzgado de nuevo, y esta vez sería juzgado frente a un jurado que incluiría mexicoamericanos y personas de otros grupos previamente excluidos.

Gus García y su equipo hicieron historia. Ahora era más probable que los acusados tuvieran un jurado neutral. Esta no solo fue una victoria para los hispanos sino para todos los ciudadanos de Estados Unidos porque se aseguró que todos puedan participar en el proceso penal.

Nota: Pete Hernández no salió libre. En su segundo juicio fue encontrado de nuevo culpable.

Haz conexiones

¿Por qué estaba tan preocupado García por cambiar el sistema de jurados de Texas? **PREGUNTA ESENCIAL**

¿Qué cualidades personales compartían Jane Addams y Gus García? **EL TEXTO Y OTROS TEXTOS**

Glosario

acusado persona acusada en un tribunal ***(página 16)***

brecha económica diferencia entre lo que tienen los ricos y los pobres ***(página 6)***

defensor alguien que apoya o promueve los intereses de otra persona ***(página 9)***

extenso muy amplio ***(página 6)***

filántropo persona que se preocupa por la humanidad y hace obras buenas y caritativas ***(página 2)***

imitar tratar de ser como alguien que admiras ***(página 3)***

obligatorio que se tiene que cumplir ***(página 11)***

sistema judicial los tribunales y la rama del gobierno que hace cumplir las leyes ***(página 17)***

tolerante que acepta las diferencias ***(página 3)***

Índice

Enfoque:

Estudios Sociales

Propósito Entender cómo los cambios del pasado han mejorado nuestras vidas

Paso a paso

Paso 1 Con un grupo pequeño, analiza cómo habría sido tu vida hace 100 años si hubieras tenido que trabajar en una fábrica todos los días. Usa el texto y otras fuentes de información.

Paso 2 Haz una tabla de dos columnas en una hoja de papel. Rotula una columna "Hace 100 años". Luego escribe un horario imaginario para un día de hace 100 años. No olvides que tu día podía comenzar incluso antes del amanecer.

Paso 3 Rotula la segunda columna "Hoy" y escribe tu horario típico para un día. Incluye las cosas que aprendes en la escuela, lo que haces después de clases y tu rutina de la tarde.

Paso 4 Analiza los dos horarios con tu grupo, y fíjate en las cosas que son iguales y en las que son diferentes. Escribe acerca de las similitudes y las diferencias de los dos horarios. ¿Cuál te gusta más? ¿Por qué?